Covergestaltung: Oliver Bartl www.magic-matrix.de

Innengestaltung: Mircea Ighisan

Lektorat: Ioanna Gatzigianni

Matrix Transformation

Henriettenweg 3

72072 Tübingen

www.matrix-transformation.de

info@matrix-transformation.de

ISBN: 978-3-944032-09-2

Inhaltsverzeichnis

Vorwort

Hallo liebe Leserin, lieber Leser,

in Momenten, in denen wir im Leben etwas Entscheidendes lernen, denken wir manchmal: „*Hätte ich das schon früher gewusst*" oder „*Das hätten wir schon in der Schule lernen müssen*".

Zu den Dingen, die wir zu spät lernen, wenn überhaupt, gehört meiner Meinung nach das Wissen um die innere Stimme: Wie wir sie bemerken, zulassen und entwickeln können, um im Leben die richtigen Entscheidungen zu treffen.

Dieses Buch ist aus dem Wunsch heraus entstanden, die innere Stimme wieder hörbar zu machen.

Dafür beschreibe ich ein natürliches inneres Wissen, das in Vergessenheit geraten war.

Ich wünsche dir viel Spaß beim Lesen und Ausprobieren und hoffe, damit dein Leben zu bereichern.

Tübingen, den 16.10.2015

Mircea Ighisan

Teil 1: Warum es wichtig ist, stimmige Entscheidungen zu treffen

Hast du schon einmal etwas gekauft, das sich im Nachhinein doch als unpassend erwiesen hat? Das du dann nie verwendet hast? Hast du schon einmal das Falsche gegessen und dich danach unwohl gefühlt? Oder dich auf Menschen eingelassen, privat oder beruflich, die dich nicht wirklich weitergebracht oder sogar heruntergezogen haben?

Anders gefragt: Hast du schon einmal eine Entscheidung getroffen, die für dich nicht stimmig war?

Wenn ja, dann hast du dir sicherlich Gedanken darüber gemacht, wie es überhaupt zu dieser falschen Entscheidung kommen konnte, und möglicherweise verschiedene Gründe gefunden: Die gut gemachte Werbung, die dich zum Kauf angeregt hat, oder die Gier, die dich verleitet hat, das Falsche zu essen, oder deine Schwäche für schöne Augen, die dich nicht erkennen ließ, dass der Ex zu viele Macken hatte.

Ich könnte jetzt unzählige Gründe aufführen, die dazu führen, dass man Fehler im Leben macht.

Fehler zu machen kann auch etwas Gutes haben. Du kannst aus deinen Fehlern lernen, an ihnen wachsen und zu einem Menschen werden, der sein Geld für sinnvolle Dinge ausgibt, gesünder lebt und erfolgreicher und glücklicher ist.

Aber da Lernen aus Fehlern auch sehr schmerzhaft sein kann, ergibt es sehr viel Sinn, sich einmal Gedanken darüber zu machen, warum man sich so häufig falsch entscheidet.

Könnte das auch anders gehen? Könnte man sich vielleicht häufiger richtig entscheiden?

Nun, du kannst aus Fehlern lernen oder durch Einsicht.
Einsicht bedeutet, die eigene Wahrheit zu erkennen. Auch ohne den Umweg über die Fehler machen zu müssen.

Du fragst dich jetzt vielleicht, wie das genau funktioniert.

Es gibt zwei Arten von Helfern, die dich unterstützen, unnötige Fehler zu vermeiden:

- Äußere Helfer (Eltern, Umfeld, Wissenschaft, Lehrer usw.)

    und

- Innere Helfer (Instinkt, Verstand, innere Stimme)

Im Folgenden möchte ich genauer auf diese „Helfer" eingehen und dir zeigen, welche Stärken und Schwächen sie jeweils haben. Fangen wir mit den äußeren Helfern an.

Lernen aus dem Wissen und den Erfahrungen anderer

Du kannst aus dem Wissen und den Erfahrungen anderer lernen. So bringen Eltern ihren Kindern bei, sich möglichst von heißen Herdplatten und Steckdosen fernzuhalten.

Macht sehr viel Sinn und wirkt lebensverlängernd.

Auf der anderen Seite gibt es Erfahrungen, die für dich hoffentlich nie mehr die Relevanz haben werden, die sie für frühere Generationen hatten.

Zum Beispiel die Ernährung: Frühere Generationen haben in Europa an Hunger gelitten, so auch meine Eltern und Großeltern nach dem Krieg in Rumänien. Nur ab und an etwas zu essen zu haben und das auch noch rationiert, oder schlicht zu hungern, ist eine einschneidende Erfahrung.

So einschneidend, dass ältere Generationen dazu tendieren, immer noch so aufzutischen, als gäbe es kein Morgen.

Dieses Essverhalten 1:1 zu übernehmen, wäre in der heutigen Zeit nicht mit einer gesunden Ernährung vereinbar.

Oder ein anderes, allgemeineres Beispiel: Häufig denken Eltern zu wissen, was für ihr Kind gut ist.

Was den Umgang mit heißen Herdplatten und Steckdosen betrifft, ist das ja wie gesagt auch in Ordnung. Den Kindern aber beispielsweise einen bestimmten Lebenslauf vorzuschreiben, was sie studieren sollten, welchen Beruf oder Partner sie wählen sollten, kann – sehr optimistisch betrachtet – nur ausnahmsweise gut sein.

Manche Menschen glauben auch, dass der äußere Helfer nur gut genug sein muss, wie etwa ein spirituell erleuchteter Meister.

Dem ist aber nicht so. Eine der Lehren im Buddhismus lautet: *„Wenn du Buddha auf der Straße triffst, so töte ihn."* Das bedeutet, dass du die Wahrheit nie im Außen finden wirst. Wann immer du das Gefühl hast, dass sie im Außen ist, hast du das zu überwinden, um die Wahrheit im Innern zu erkennen.

Nur du kannst wirklich wissen, was ein erfülltes und glückliches Leben für DICH ist. Weil du ein Individuum bist. Also etwas Einmaliges, das es kein zweites Mal in dieser Schöpfung gab, gibt oder jemals wieder geben wird.

Denk mal drüber nach.

Das ist ziemlich cool.

Innere Helfer für stimmige Entscheidungen

Wenn die stimmige Antwort nicht dauerhaft im Außen gefunden werden kann, bleibt uns also nur unser Inneres übrig. Schauen wir uns an, welche Helfer uns hier zur Verfügung stehen.

Wir haben:
1. Die instinktive Reaktion
2. Die rationale Entscheidung
3. Die innere Stimme (Intuition)

1. Die instinktive Reaktion

Es gibt zwei Formen der instinktiven Reaktion.

Urinstinkte
Urinstinkte sind angeboren. Sie wirken beispielsweise in Gefahrensituationen. Wir reagieren direkt auf eine Gefahr, z.B. springen wir ohne zu überlegen zur Seite, wenn wir sehen, dass ein Gegenstand auf uns zugeflogen kommt.
Das ist sehr sinnvoll.

Konditionierte instinktive Reaktionen
Konditionierte instinktive Reaktionen basieren auf Erfahrungen, die du in der Vergangenheit gemacht hast. Zum Beispiel: Jemand hatte einmal mit Komplimenten dein Vertrauen gewonnen und dich anschließend ausgenutzt. Daraufhin hattest du dir geschworen, dass dir das nie wieder passiert. Wann immer dir jetzt jemand ein Kompliment macht, reagierst du mit Ablehnung und Feindseligkeit.

Das passiert automatisch, selbst wenn das Kompliment ehrlich gemeint ist.

Konditionierte instinktive Reaktionen können also sogar kontraproduktiv sein.

Nicht nur das - sie sind oft der Grund dafür, dass wir Fehler machen. Und damit nicht gerade dazu geeignet festzustellen, was für einen stimmig ist.

2. Die rationale Entscheidung

Bei der rationalen Entscheidung verwenden wir die logische Schlussfolgerung als Entscheidungsgrundlage.

Logik ist in der Lage, Wahrheit zu erkennen.

Die Mathematik baut komplett auf Logik auf, womit ein mathematischer Beweis immer absolut wahr ist. In allen Varianten und alle Zeiten.[1]

Soweit wäre das ja in Ordnung.

Es gibt jedoch ein Problem.

Die Logik funktioniert nur dann, wenn dir alle Faktoren bekannt sind.

Nehmen wir ein sehr einfaches Beispiel in Bezug auf die Logik in der Entscheidungsfindung.

---

[1] Der Satz des Pythagoras, $a^n+b^n=c^n$ ist absolut wahr. Er ist für alle möglichen Zahlen n bewiesen. Das ist ein absoluter Beweis.

Du willst eine Entscheidung treffen, für die die drei Faktoren 1, 2 und -5 relevant sind.

Leider hast du aus irgendeinem Grund nur die Möglichkeit, die 1 und die 2 zu sehen. Du zählst diese richtig zusammen und freust dich über das positive Ergebnis 1+2 = 3.

Aber: Obwohl du richtig gerechnet hast, hast du dich verrechnet, weil du die -5 nicht sehen konntest. In Wirklichkeit ist das Ergebnis also -2 und somit negativ.
Die logische Schlussfolgerung kann zur richtigen Entscheidung führen. Wenn dir aber nicht alle Faktoren bekannt sind - was meistens der Fall ist -, kann es dich aber auch zu einer falschen Entscheidung verleiten.

Unser Leben ist komplex und wird von sehr vielen Faktoren beeinflusst. Viele sind uns schlicht unbekannt.

Mit der rationalen Entscheidung verhält es sich ähnlich wie mit den wissenschaftlichen Erkenntnissen. Diese funktionieren tadellos, wenn es beispielsweise darum geht, ein Flugzeug abheben zu lassen.

Beim Menschen funktioniert das allerdings nicht zu 100%. Weil jeder Mensch ein individuelles System ist. In Bezug auf den Menschen kann sich die Wissenschaft der Wahrheit nur ungefähr annähern, weil sie das Individuelle nicht vollständig erfassen kann.

Für mich hat der russische Arzt Dr. Juri Heyfez das in seinem Vortrag aus dem Jahr 2004 am treffendsten formuliert[2]. Seine Worte haben sich tief in mein Gedächtnis eingebrannt. Frei zitiert:

„Jeder Mensch stellt ein einmaliges System dar. Das gilt es immer zu beachten. Selbst wenn ich eine Therapiemethode habe, die bei einer Million von einer Million Menschen einwandfrei funktioniert und zur vollständigen Genesung führt, kann ich Ihnen keine Garantie geben, dass Sie als Patient Nummer eine Million und eins ebenfalls eine Genesung durch diese Therapiemethode erfahren werden."

Machen wir das Ganze noch greifbarer und betrachten folgendes Szenario.

Stell dir vor, du willst abnehmen. Es gibt auch eine Diät, die eigentlich genau die richtige für dich wäre, aber nur eine Erfolgsquote von 10% aufweist. Sie gehört nicht zu den zehn Top-Diäten mit Erfolgsquoten von 50 bis 80%. Nehmen wir auch weiter an, dass du auf Nummer sicher gehen willst und eine Top-Diät nach der anderen ausprobierst.

Was schätzt du, wie viel Lebenszeit vergehen wird, bis du bei der richtigen Diät für dich landest? Wie viel Energie wird dich das kosten? Wie viel Frust und wie viele Jo-Jo-Effekte wirst du erleben?

————$\circ$————

---

[2] *Dr. Juri Heyfez war 2004 zur Markteinführung eines russischen Quantentherapiegerätes nach Deutschland eingeladen.*

Wenn also der Instinkt und die rationale Entscheidung dir nicht immer helfen können, die richtige Entscheidung zu treffen, dann bleibt nur noch eines übrig: Deine innere Stimme.

3. Deine innere Stimme

„Was wirklich zählt, ist die Intuition."
Albert Einstein

Unsere innere Stimme erkennt das, was für uns stimmig ist. Aus einer intuitiven Einsicht heraus, ohne den Weg über den rationalen Verstand gehen zu müssen.

───○───

Solltest du bei den Worten *innere Stimme* und *Intuition* zusammenzucken und denken, dass das nicht dein Ding ist, dann entspann dich.

Intuitiv zu erkennen, was für dich stimmig ist, ist das Natürlichste der Welt.

Man kann zwar sagen, dass uns die Informationen über unsere innere Stimme vorenthalten wurden und dass uns regelrecht abtrainiert wurde, ihr zu vertrauen. Da die innere Stimme aber etwas sehr Natürliches ist, kann man diese aufgesetzte Konditionierung auch wieder abstreifen.

Mit der richtigen Strategie, sogar recht einfach.

Teil 2: Die innere Stimme - Was sie ist und warum du intuitiv wissen kannst, was stimmig für dich ist

Ich nehme an, du hast schon mehrmals im Leben gespürt, wie sich etwas Stimmiges anfühlt.

Vielleicht hast du dabei so etwas gedacht oder gesagt wie: „Das war jetzt genau das Richtige", „Es hat sehr gut getan, darüber zu reden.", „Wirklich schön, dir begegnet zu sein".

Wahrscheinlich deswegen, weil du dich in irgendeiner Weise gut gefühlt hast.

Dieses Gefühl war eine Antwort aus dem Inneren.

Wer hat geantwortet?

Deine innere Stimme!

Stell dir die innere Stimme wie einen Kompass vor. Er zeigt dir, ob du im Leben auf Kurs mit deinem Glück bist.

Die innere Stimme spricht über Gefühle zu dir.

Positive Gefühle zeigen dir, dass du dich in die richtige Richtung bewegst. Wenn du keine oder negative Gefühle hast, beschäftigst du dich mit etwas, das nicht stimmig für dich ist.

Das intuitive Spüren der Möglichkeiten

„Man sieht nur mit dem Herzen gut. Das Wesentliche
ist für die Augen unsichtbar."
Antoine de Saint-Exupéry, Der kleine Prinz

Damit dir deine innere Stimme sagen kann, ob ein
Kurs für dich stimmig ist, benötigst du Kontakt zu
diesem. Der Kontakt wird über deine Sinne
hergestellt, über das Sehen, Hören, Riechen,
Schmecken oder Fühlen. Ohne Kontakt kannst du
nicht wissen, was auf dich zukommt.

Je stärker und klarer der Kontakt ist, desto besser
kann die innere Stimme erkennen, ob dieser Kurs
DEIN Kurs ist.

Hast du schon einmal einen intensiven Kontakt
verspürt, mit einem Menschen, der Natur, einem Tier,
der Sonne? Wenn ja: Wo in dir hast du den Kontakt
am intensivsten gespürt? Wo hat es dich am tiefsten
berührt?

Wahrscheinlich in deinem Herzen, denn das Herz
baut den tiefsten Kontakt zu deinem Inneren auf -
indem es spürt.

Es spürt intuitiv dein Gegenüber, den richtigen Kurs,
selbst die Worte, die du in einem Gespräch wählen
könntest.

Intuitiv, weil du mit dem Spüren Dinge erfasst, die du
bewusst gar nicht wahrnimmst.

Intuitiv zu spüren ist ein offener und wertungsfreier Vorgang. Du erfasst damit einfach die gesamte Situation. So, wie sie ist. Nicht mehr und nicht weniger. Du erkennst damit noch nicht den richtigen Kurs.

Aber die offene und wertungsfreie Erfassung der Situation ist eine notwendige Voraussetzung, damit dir deine innere Stimme sagen kann, ob ein Kurs Sinn für dich macht.

---÷---

Wir spüren von Natur aus intuitiv

Intuitiv zu spüren ist so natürlich, dass wir es kaum wahrnehmen. Vielleicht ist das der Grund, weshalb sich viele Menschen dieser natürlichen Fähigkeit nicht bewusst sind und sie verkümmern lassen. Ich kann mir vorstellen, dass die meisten Leserinnen schon einmal über einen Mann den Kopf schütteln mussten, der gefühlsmäßig völlig daneben lag.

Wenn du aber einem Menschen begegnest, der ein sehr gutes intuitives Gespür hat, dann merkst du das sofort. Du erlebst einen Menschen, der offen und aufmerksam ist. Jemanden, der sein Talent, intuitiv zu spüren, erkannt und entfaltet hat, wie ein sehr guter Koch, Tänzer oder Kämpfer.

Aber, wie gesagt: Diese kostbare Fähigkeit schlummert in jedem von uns. Deshalb ist es sehr viel einfacher, das natürliche, intuitive Spüren zu entfalten, als gut kochen, tanzen oder kämpfen zu lernen.

Im Alltag nutzen wir diese Fähigkeit oft unbewusst.

Nehmen wir die Wahl des Essens im Restaurant als Beispiel. Du überlegst, was du essen möchtest. Während dein Blick über die Menükarte wandert, spürt dein Körper intuitiv die angebotenen Speisen, und deine innere Stimme gibt dir Feedback. Es gibt Speisen, die dich heute gar nicht ansprechen, während andere durchaus attraktiv erscheinen. Ist das stimmige Gericht für dich dabei, dann läuft dir das Wasser im Mund zusammen.

Genau das ist die Kombination aus intuitivem Spüren und deiner inneren Stimme in Aktion!

———☼———

Übung: Die innere Stimme bewusst wahrnehmen

In diesem Praxiskapitel üben wir, die innere Stimme im Entscheidungsprozess wahrzunehmen. Wähle einen der folgenden Bereiche für die Praxisübung:

- Tätigkeiten (z.B. was du heute machst, isst, arbeitest)

- Gegenstände (z.B. welche Kleidung du kaufen, anziehen oder aussortieren könntest)
- Personen (z.B. welche Personen du treffen solltest, welchen Handwerker du engagieren solltest)

Als Hilfestellung kannst du dir die Entscheidungsfindung wie die Menüauswahl im Restaurant vorstellen. Du hast im Menü alle möglichen Tätigkeiten, die du jetzt ausüben könntest:

- Spazieren gehen
- Musik hören
- Fernsehen
- Das Buch weiterlesen, ohne den Praxisteil zu machen
- Den Praxisteil im Buch mitmachen
- Weitere Möglichkeiten deiner Wahl

So gehst du vor:

1. Stell dir vor, wie du eine dieser Tätigkeiten ausführst.

2. Spüre die mögliche Zukunft.
   Hinweis: Spüren passiert natürlich. Lass einfach zu, dass du diese mögliche Zukunft spürst. Spüre einfach, ohne eine Meinung darüber zu haben.

3. Fühle, wie es dir gehen würde, wenn du diese Zukunft leben würdest.

Zur Unterstützung kannst du dich fragen:

„Wie würde es sich anfühlen, diese Möglichkeit zu wählen und mich auf diesen Weg zu begeben?" oder *„Wie wäre es, diese Option zu wählen?"*

Das bringt dich mehr in Kontakt mit der jeweiligen Tätigkeit.

Geh spielerisch an die Sache heran.

Wenn du dich bei der Vorstellung einer Tätigkeit leichter, heller, fröhlicher oder glücklicher fühlst, wenn sie dich öffnet und weit macht, dann ist sie etwas für dich.

Gehe weiter, betrachte auch die übrigen Optionen. So lange, bis du ein erstes Gespür für deine innere Stimme bekommst.

———☼———

Die Ergebnisse aus der Übung zum Hören der inneren Stimme können folgende sein:

1. Dir ist klar, welche Option stimmig ist.

Du spürst eine Option klar und fühlst dich leicht, offen, glücklich. Dieser Kurs fühlt sich sehr stimmig an. Kopf und Herz sind auf einer Linie. Du bist dir sicher.

2. Eine Option fühlt sich gut an, sie könnte sich aber noch besser anfühlen.

Eine Option kann in unterschiedlichem Maße stimmig sein. Sie kann in die richtige Richtung gehen, dich jedoch noch nicht ganz erfüllen. Wie wenn zum stimmigen Hauptgericht im Restaurant noch die passende Vorspeise und das passende Dessert fehlen würden.

3. Unklare Gefühle.

Es gibt eine ganze Bandbreite an unklaren Gefühlen gegenüber den möglichen Optionen.

Es kann Optionen geben, bei denen du dich komplett blockiert fühlst und nicht im Stande bist, deine innere Stimme wahrzunehmen. Bei anderen Optionen hörst du die innere Stimme scheinbar klar, zweifelst aber an ihr.

Wenn du blockiert oder dir unsicher bist, dann bedeutet das, dass deine Wahrnehmung durch alte Erfahrungen und Urteile verzerrt ist.

Wenn du dich beispielsweise fragst, ob du dich auf einen Menschen einlassen sollst, der dir Komplimente macht, ist es sehr wahrscheinlich, dass deine innere Stimme verzerrt klingt, wenn dich in der Vergangenheit jemand mit Komplimenten gelockt und anschließend ausgenutzt hat.

Je einschneidender die alte Erfahrung, desto stärker wirkt die Verzerrung.

Das Ausmaß des Problems

Jeder Mensch macht im Laufe seines Lebens negative Erfahrungen. Und neben den eigenen Urteilen und Sichtweisen, die jeder Mensch im Laufe des Lebens bildet, gibt es auch die Urteile und Sichtweisen seines Umfeldes, die er unbewusst übernimmt.

Steuert der Mensch hier nicht dagegen, nimmt die Anzahl der Verzerrungen mit der Zeit immer weiter zu.
Problematisch ist auch, dass viele Verzerrungen in wichtigen Lebensbereichen entstehen, wie in zwischenmenschlichen Beziehungen, dem Arbeitsleben oder den Finanzen.

Die Frage, die sich stellt, ist, wie wir trotz solcher Probleme unsere innere Stimme unverzerrt hören können.

Wie du deine innere Stimme unverzerrt hören kannst

Um deine innere Stimme wieder klar vernehmen zu können, kannst du Folgendes machen:

1.   Innere Arbeit

Bei der inneren Arbeit setzt du dich mit dir auseinander, heilst deine negativen Erfahrungen und lässt deine Urteile und Denkschablonen los.

Je mehr Verzerrungen du abbaust, desto klarer kannst du deine innere Stimme hören.

Sehr sinnvoll.

Ich kann dir innere Arbeit begleitend nur empfehlen. Begleitend, weil die innere Arbeit ein langer Weg ist.

Ich nehme an, dass du nicht eine gefühlte Ewigkeit warten willst, bis deine Verzerrungen in den wichtigen Lebensbereichen abgebaut sind, so dass du auch hier die innere Stimme klar vernimmst.

Was würde also schneller funktionieren?

Wenn wir keine Ahnung haben, wie stark unsere innere Stimme verzerrt ist, dann würde es Sinn ergeben, einen Röntgenblick zu entwickeln, um durch all diese bekannten und unbekannten Verzerrungen durchzublicken.

Die gute Nachricht ist, dass dieser Röntgenblick existiert.

Es ist das Vertrauen in dein intuitives Spüren.

2. Vertrauen in dein intuitives Gespür aufbauen

Vertrauen in dein Spüren aufzubauen ist der Röntgenblick, der dich durch alle bekannten und unbekannten Verzerrungen durchblicken lässt.

Vertrauen ist für mich ein inneres Empfinden von Wahrheit, die du nicht erklären kannst, und ein Spüren dessen, was passieren wird, das über das Bekannte hinausgeht.

Vertrauen gewinnst du vor allem durch Erfahrung.

Wir werden uns im weiteren Verlauf des Buches damit beschäftigen, wie du dieses Vertrauen möglichst einfach, schnell und entspannt aufbauen kannst.

Teil 3: Wie du Vertrauen in deine innere Stimme aufbauen kannst

Um Vertrauen in deine innere Stimme aufzubauen – und zwar ohne unnötige Umwege, Rückschläge und Frust –, benötigst du eine Strategie.

Wie sieht aber eine solche Strategie aus?

Es ist eine Strategie, die auch in der Worst-Case-Ausgangssituation[3] funktioniert.

Was ist eine Worst-Case-Ausgangsituation?

Eine Worst-Case-Ausgangssituation kann folgendermaßen aussehen:

- Du bist dir sehr selten der inneren Stimme sicher. Und in den seltenen Fällen, in denen du dich sicher fühlst, geht es eher um unwichtige Dinge. Bei Dingen, die dir wichtig sind, ist es dir im Moment nicht möglich, dich auf die innere Stimme zu verlassen.

- Dein Alltag ist sehr stressig, so dass du meistens zu müde bist, um dir für dich Zeit zu nehmen und das Hören der inneren Stimme zu praktizieren.

---

[3] Die denkbar schlechteste Ausgangssituation.

- Du bist schnell frustriert, wenn etwas nicht klappt, und verlierst die Motivation.

Wie kannst du nun bei einer solchen Worst-Case-Ausgangssituation vorgehen?

Sehr einfach:

1. Kreiere dir ein „Spielfeld".
   Suche dir Alltagsfragen aus, bei denen es dir nicht schwer fällt, deine innere Stimme zu hören. Zum Beispiel: *„Was esse ich heute?"* Betrachte solche Alltagsfragen als einen Bereich, in dem du spielerisch experimentieren kannst. Wenn du mit deiner Entscheidung daneben liegen solltest und vielleicht etwas isst, das dir nicht bekommt, dann ist das auch nicht schlimm.

2. Sobald du dich in deinem „Spielfeld" wohlfühlst und etwas Vertrauen in deine innere Stimme aufgebaut hast, vergrößerst du das Spielfeld schrittweise, bis du deine innere Stimme in jedem Moment und in jedem Lebensbereich vernehmen kannst.

Die einzelnen Schritte:

1. Fange im Alltag an und sammle täglich Erfahrungen.

Vertrauen entsteht durch Erfahrung. Viele kleine stimmige Entscheidungen bauen Vertrauen schneller, leichter und entspannter auf als das Ringen mit den wichtigen Entscheidungen deines Lebens.

Es bietet sich daher geradezu an, das Vertrauen in deine innere Stimme mit Hilfe von Dingen aufzubauen, mit denen du dich sowieso täglich beschäftigst.

Deine innere Stimme bei Alltagsentscheidungen wahrzunehmen, ist schnell gemacht. Das passiert mit etwas Praxis schnell und einfach nebenher.

Bei alltäglichen Dingen merkst du schnell, ob eine Entscheidung stimmig ist. Wenn du regelmäßig, hast du auch regelmäßig Erfolgserlebnisse - das steigert deine Motivation!

Eine Fehlentscheidung in einer alltäglichen Entscheidung wiegt außerdem nicht so schwer wie eine Fehlentscheidung in einer wichtigen Frage. Je entspannter du mit einer möglichen Fehlentscheidung umgehen kannst, desto klarer wird deine Wahrnehmung.

2. Gehe spielerisch heran.

Du musst nicht gleich deinen ganzen Alltag umkrempeln. Bleibe in der Leichtigkeit. Lernen passiert am schnellsten, wenn du offen und neugierig bleibst.

Suche dir Bereiche in deinem Leben aus, in denen du spielerisch mit der inneren Stimme umgehen kannst.

3. Behalte die Leichtigkeit bei, während du ständig deine Grenzen erweiterst.

Auch wenn du am Anfang nur nebensächliche Entscheidungen triffst: Praktiziere täglich spielerisch und erweitere stetig deine Grenzen, sobald du dich in einem Bereich sicher fühlst. Immer weiter. Bis du die innere Stimme für alle Entscheidungen in deinem Leben wahrnehmen kannst.

Diese spielerische Herangehensweise ist unglaublich effektiv.

Das zeigt sich zum Beispiel an Menschen, die durch das richtige Geldmanagement[4] reich geworden sind, wie Michelle Blurr[5]. Als sie mit dem Geldmanagement anfing, hatte sie so wenig Geld, dass sie in der ersten Woche nur einen einzigen Dollar auf die Seite legen konnte. Sie hat das Ganze aber spielerisch gesehen und eben nur diesen einen Dollar gemanagt. In der zweiten Woche konnte sie zwei Dollar auf die Seite legen. In der zwanzigsten Woche waren es schon hundert Dollar. Heute ist sie Multimillionärin.

---

[4] Beim Geldmanagement verteilst du dein Einkommen auf verschiedene Konten (z.B. täglicher Bedarf, Sparen, Investieren, Weiterbildung, Vergnügen, Spenden) und verwaltest diese.

[5] http://www.harveker.com/2015/09/22/stop-waiting-to-manage-your-money-the-habit-is-more-important-than-the-amount/

Und Vishen Lakiani, der Gründer von Mindvalley[6], ist auch ein gutes Beispiel dafür, wie erfolgreich man mit einem spielerischen Herangehensweise werden kann. Sein erstes spielerisches Ziel bestand darin, so viel Gewinn zu machen, dass er sich täglich einen Kaffee bei Starbucks leisten konnte. Sobald das erreicht war, wurde das Gewinnziel auf einen Latte Macchiato erhöht. Und so weiter. Daraus ist das heutige Mindvalley entstanden, eine der weltweit erfolgreichsten Onlinelearning-Plattformen.

—☼—

Meine Aufgabe ist es, dir zu zeigen, an welcher Stelle du ansetzen und welche Strategie du anwenden kannst, um Vertrauen in deine innere Stimme aufzubauen. Sobald das Vertrauen da ist, wird deine innere Stimme dir deinen weiteren Weg aufzeigen. Nicht umsonst heißt es:

> *„Der Weg entsteht, wenn man ihn geht."*
> *Chinesisches Sprichwort*

—☼—

Im Folgenden möchte ich dir einige Tipps und Ideen für das Hören der inneren Stimme mitgeben.

---

[6] www.mindvalley.com

Tipp 1: Entscheiden im Alltag

Stelle erst einmal fest, in welchen Bereichen deines Alltags du die innere Stimme zumindest halbwegs gut hören kannst.

Beispiele für im Alltag zu fällende Entscheidungen:

Essen: Koche ich etwas oder esse ich auswärts? Und wo? Was esse ich heute? Wie viel esse ich heute?

Arbeit: Welche Arbeit erledige ich heute?
- o Privat (Aufräumen? Was? / Gartenarbeit? Was und wie lange?)
- o Beruflich (Was? Wie lange? Wann fühlt es sich stimmig an, zu einer anderen Aufgabe überzugehen? Mit wem will ich mich heute austauschen?)

Freizeit: Was will ich heute mit meiner freien Zeit machen?

Beziehungen: Nach wem ist mir heute? Was möchte ich mit ihm / ihr tun? Wann?

Sport / Bewegung: Wonach ist mir heute? Welches Training ist heute richtig für mich?

Jedes Thema ist geeignet. Selbst die Frage, ob du morgens Lust hast, dir auf einem Bein stehend die Zähne zu putzen, oder ob und welches Lied du unter der Dusche singen sollst.

Bewege dich immer weg von deinen bisherigen Routinen, hin zu einem Leben, in dem du in jedem Moment spürst, was JETZT und HIER stimmig ist.

Tipp 2: Komme auch innerlich auf Kurs!

Sehr zu empfehlen ist es, auch innerlich auf Kurs zu kommen. Das kannst du zu jedem Zeitpunkt des Tages machen.

Du kannst dich in jedem Moment einfach spüren. Die Gedanken, die du hast, deine Gefühle, deine Körperhaltung, deine Ausstrahlung in der Welt.

Nehmen wir einmal an, etwas macht dir gerade Sorgen. Du bemerkst das und fragst dich, ob es Sinn ergibt, sich Sorgen zu machen. Deine innere Stimme sagt dir, dass es keinen Sinn ergibt. Die Sorgen machen dich nicht glücklich.

Also testest du weitere Möglichkeiten: handeln, jemanden um Rat fragen, Hilfe holen, einfach vertrauen, spazieren gehen usw.

Wenn sich eine dieser Möglichkeiten gut für dich anfühlt, dann entscheide dich dafür und gehe diesen Weg.

Dasselbe lässt sich auf deine Gefühle übertragen. Zum Beispiel, wenn du dich beim Arbeiten gestresst fühlst. Das ist heutzutage bei vielen Menschen der Fall.

Das ist aber weder produktiv, noch macht es einen glücklich. Was wäre stimmiger? Vielleicht ein Empfinden von Leichtigkeit und Flow zuzulassen? Ja, das wäre viel besser!

Wenn sich Arbeiten mit Leichtigkeit und Flow besser anfühlt, dann entscheide dich dafür und öffne dich für diese Empfindungen.

Unsere Körperhaltung ist auch ein sehr guter Punkt. Fühle im Moment, ob dich deine Körperhaltung glücklich macht. Nicht ganz? Welche Körperhaltung wäre stimmiger? Teste verschiedene Optionen. Wenn du dann die Körperhaltung gefunden hast, die dich glücklicher macht, bei der du das Gefühl hast, dass mehr Energie in deinen Körper fließt, dann nimm diese ein.

Oder deine Ausstrahlung. Was strahlst du gerade aus? Wie gehst du auf die Welt zu? Fühlt sich das stimmig an? Macht dich das glücklich?

Nicht ganz? Welche Ausstrahlung würde dich glücklicher machen?

Teste verschiedene Optionen. Wenn es sich beispielsweise besser anfühlt, offener zu sein und zu lächeln, dann probiere das einfach mal aus!

—☼—

Tipp 3: Wichtige Entscheidungen treffen

Ich nehme an, du wirst früher oder später auch größere Entscheidungen treffen müssen.

Nehmen wir praktischerweise die Frage, ob du bei allen Entscheidungen deines Lebens immer mehr auf deine innere Stimme hören solltest. Schauen wir uns an, ob das stimmig für dich ist.

Ausgangsfrage: *Macht es Sinn, die Entscheidungen in meinem Leben immer mehr nach meiner inneren Stimme auszurichten? Werde ich dadurch ein glückliches und erfülltes Leben führen können?*

Da es sich jetzt um eine größere Entscheidung für dein Leben handelt, macht es Sinn, der Entscheidungs-findung mehr Raum und Zeit zu geben.

Dazu stellst du dir zwei Optionen vor: Die eine ist, alles beim Alten zu belassen und die andere, tatsächlich immer mehr auf deine innere Stimme zu hören.

Nimm dir etwas Zeit, um dich in die jeweilige mögliche Zukunft hineinzuversetzen.

Option 1: Du belässt alles beim Alten.

Stell dir vor und spüre, wie es wäre, wenn du heute alles beim Alten belassen würdest.

Was glaubst du: Wie erfüllt wirst du heute Abend sein, wenn du ins Bett gehst?

---・---

Jetzt stell dir vor, du belässt alles eine Woche lang, einen Monat lang, ein Jahr lang, dein Leben lang beim Alten. Spüre, wie sich dein Leben entwickeln würde.

Wie glücklich wirst du werden? Wie stimmig ist das für dich?

---・---

Option 2: Du fängst spielerisch an, deine innere Stimme zu Rate zu ziehen. Anfangs in einem kleinen Bereich.

Stell dir vor, wie du bei einigen der Entscheidungen, die heute bei dir anfallen, deine innere Stimme spielerisch zu Rate zu ziehst. Nehmen wir auch an, du hast keinen Glanzstart, sondern vernimmst deine innere Stimme bei einigen Entscheidungen ganz gut und bei anderen nicht. Spüre, wie sich dein Tag entwickeln wird.

Was glaubst du: Wie erfüllt wirst du heute Abend sein, wenn du ins Bett gehst?

---・---

Jetzt stell dir vor, du hörst eine Woche lang, einen Monat lang, ein Jahr lang, dein Leben lang auf deine innere Stimme.

Denk daran, dass du die innere Stimme mit zunehmender Praxis immer klarer hören wirst. Irgendwann wirst du ihr bei allen Entscheidungen vertrauen können.

Spüre, wie sich jetzt dein Leben entwickeln würde.

Wie glücklich wirst du werden? Wie stimmig ist das für dich? Wie fühlt es sich im Vergleich zu einem Leben an, in dem du alles beim Alten lässt?

—☼—

Wenn du merkst, dass die Option, immer mehr auf deine innere Stimme zu hören, dich aufmacht und erfüllt, dann ist das eine Einladung an dich, dazu JA zu sagen und dich auf diesen Kurs zu begeben.

Tipp 4: Feintuning

Du wirst bei vielen Optionen, die du betrachtest, das Gefühl haben, dass es in die richtige Richtung geht, aber noch Luft nach oben besteht.

Hier setzt das Feintuning an.

Bleiben wir bei dem Bild, dass du im Restaurant das passende Hauptgericht gefunden hast, dir aber zur Abrundung die passende Vorspeise und das passende Dessert fehlen.

Das Feintuning machst du, indem du das jeweilige Hauptgericht, das sich stimmig anfühlt, in Kombination mit verschiedenen Vorspeisen spürst. Sobald du die passende Vorspeise gefunden hast, spürst du die Vorspeise und das Hauptgericht in Kombination mit verschiedenen Desserts, bis dir das Wasser im Mund zusammenläuft.

Bei anderen Entscheidungen funktioniert das Feintuning nach genau dem gleichen Prinzip!

Wenn du bei einer Option merkst, dass noch Luft nach oben besteht, dann probiere verschiedene Kombinationen aus.

Eine Kombination könnte zum Beispiel so aussehen, dass du auf deine innere Stimme hörst und dazu:

- noch die passende innere Arbeit begleitend machst.
- dass du dich, trotz schlechter Erfahrungen, wieder für Beziehungen öffnest.
- die angezogene Handbremse löst und dich generell mehr auf das Leben einlässt.

Kombiniere so lange, bis sich eine Option stimmig anfühlt, sage dann JA dazu und begib dich auf diesen Kurs!

Hinweis:
Manche Menschen wollen immer alles gleich sofort haben. Das führt zu einer gewissen inneren Verkrampfung. Ich selbst bin da keine Ausnahme.

Aber: Rom wurde auch nicht an einem Tag gebaut.

Manche Optionen werden sich dir auch erst mit der Zeit erschließen. Diese erkennst du daran, dass zwar noch Luft nach oben besteht, du aber gleichzeitig auch ein Gefühl von innerer Zufriedenheit damit empfindest.

Verkrampfe dich nicht. Lass dich trotzdem auf eine solche Option ein. Unterwegs wirst du noch mehr Hinweise erhalten.

Tipp 5: Was du tun kannst, wenn dir die stimmige Option nicht bewusst ist.

Auch diese Strategie hast du sicherlich schon öfter unbewusst verwendet. Vielleicht als Kind, wenn deine Mutter dich gefragt hat, was du denn gerne essen würdest.

Damals hattest du keine Speisekarte wie im Restaurant. Die Frage „Was soll ich Leckeres für dich kochen?" hat dich in den Suchmodus gebracht.

Du spürtest, worauf dein Körper Lust hatte, ohne die verschiedenen Optionen zu kennen.

Das Spüren deines Körpers brachte „das Leckere" in dein Bewusstsein.

—☼—

Mit genau dieser Strategie gehst du auch in allen anderen Bereichen vor.

Frage dich bei Entscheidungen immer selbst:

„Was würde mir Freude machen?", „Welche Option ist für mich stimmig?", „Was könnte mich hier erfüllen / glücklich machen?"

Stelle dir auch offene Fragen, um die stimmige Kombination zu finden:

„Was würde noch mehr Freude in mir auslösen?" „Was würde diesen Kurs noch stimmiger machen?", „Womit kann ich diese Option sinnvoll ergänzen?"

Stelle eine Frage, lasse sie los, entspanne dich im Herzen, werde innerlich still und spüre.

Das intuitive Spüren über dein Herz kannst du dir wie einen Suchhund vorstellen. Er nimmt die Fährte auf, findet das, was du suchst, und bringt es in dein Bewusstsein.

Du musst nichts weiter tun, als dich für die Antwort zu öffnen.

—————☼—————

Hinweis: Wenn dir die stimmige Option nicht gleich bewusst wird, dann bliebe offen in der Frage.

Wie bleibe ich in der Frage offen?
Nehmen wir an, du triffst zufällig einen Bekannten aus Kindheitstagen, den du schon seit Jahren nicht mehr gesehen hast. Du erinnerst dich nicht mehr an seinen Namen.

Jetzt hast du zwei Möglichkeiten.

Du denkst so etwas wie: „Mist, mir fällt der Name nicht mehr ein." Damit verschließt du dich deiner Erinnerung.

Du könntest aber auch offen bleiben und dir die folgende Frage stellen: „Wie heißt er nochmal?"

Jetzt geht dein Unterbewusstsein in den Suchmodus und bringt den Namen, den du suchst, in dein Bewusstsein hoch. Das kann sofort passieren. Du kannst ihn buchstäblich spüren, bevor er auftaucht. Du denkst dann „Mir liegt der Name auf der Zunge" oder „Mir fällt der Name gleich ein".

Oder der Name fällt dir nicht sofort ein, du verschließt dich aber auch nicht deiner Erinnerung. Am Abend oder an einem der folgenden Tage taucht er dann plötzlich in deinem Bewusstsein auf. „Ah, das war der Thomas!"

Gehe mit Geduld an, wenn dir die stimmige Option nicht gleich bewusst wird. Du musst nicht immer alles gleich entscheiden. Wenn du einfach offen bleibst, taucht die stimmige Option früher oder später auf.
Der Einzige, der das verhindern kann, bist du.

Teil 4: Komm auf Kurs!

In diesem Teil des Buches findest du noch zusätzliche Tipps und Ideen, wie du dein Leben einfacher und schneller auf Kurs bringen kannst.

Tipp 1: Wie du deiner Entscheidung mehr Wirkung verleihen kannst

Mit deiner inneren Stimme mitzugehen, hat auch einen weiteren gewaltigen Vorteil.

Wir nehmen als Beispiel die eigene Körperhaltung. Ich nehme an, dass diese bei den meisten Lesern noch etwas besser werden kann. Das ist bei mir nicht anders.

Ich selbst sitze hier gerade vor dem Rechner und schreibe dieses Kapitel. Ich bemerke, dass ich etwas gekrümmt dasitze.

Also setze ich mich aufrechter hin.

Mach bitte mit.

Hier kommt der springende Punkt. Halte ich meine Muskeln nicht bewusst in dieser aufrechten Position, dann sitze ich, sobald ich mich wieder dem Schreiben zuwende, recht schnell wieder krumm da.

Ich stelle fest, dass Energie nötig ist, um die aufrechte Position beizubehalten, und wahrscheinlich noch wesentlich mehr Energie, damit sich mein Körper an diese neue Haltung gewöhnt.

———☼———

Lass uns also schauen, ob wir das energieeffizienter erreichen.

Wir haben dieselbe Ausgangssituation. Ich sitze hier gerade vor dem Rechner und schreibe dieses Kapitel. Ich nehme meine gekrümmte Körperhaltung wahr.

Ich akzeptiere sie erst einmal so, wie sie ist.

Jetzt stelle ich mir die Frage: „Ist diese Körperhaltung für mich stimmig?"

Wenn die innere Stimme mit Glücksgefühlen antwortet, dann heißt die Antwort JA, wenn nichts passiert, heißt die Antwort NEIN.

Die Antwort lautet in meinem Fall NEIN. Diese Körperhaltung ist für mich nicht stimmig.

Also stelle ich mir eine weitere Frage: „Ist es für mich stimmig, diese Körperhaltung loszulassen?"

Die Antwort der inneren Stimme macht mich auf. Also lautet die Antwort JA.

Mit dieser Antwort aus dem Inneren bekomme ich auch zusätzliche Energie!

Mit dieser Energie lasse ich meine gekrümmte Körperhaltung los.

Ich sitze jetzt aufrechter und mein Zustand ist wesentlich stabiler, da er sich aus meinem INNERN aufgebaut hat!

Gehen wir noch weiter.

Ich frage mich: „Welche Körperhaltung wäre jetzt stimmig?"

Ich kann jetzt meine Wirbelsäule in verschiedene Positionen bringen, bis es sich stimmig anfühlt - oder Folgendes probieren:

Ich lasse zu, dass sich die Antwort direkt in der Haltung meiner Wirbelsäule zeigt. In dem Moment, in dem meine Wirbelsäule die stimmige Haltung erwischt, macht sich ein Glücksempfinden in mir breit. Also wieder der Hinweis: Das ist es!

Damit kommt auch wieder eine zusätzliche Energie.

Mit dieser Energie sage ich JA zu dieser Körperhaltung.

Ich entspanne mich wieder und bin wieder beim Schreiben.

Ich sitze jetzt aufrecht und bin entspannt. Diese Haltung ist wesentlich stabiler und fühlt sich auch natürlicher an, da sie sich aus meinem INNERN heraus aufgebaut hat.

Jetzt bist du dran!

Erklärung: Wir haben zwei Mal die gleiche Körperhaltung eingenommen. Die Unterscheide sind jedoch gewaltig.

Ein Kurswechsel über die rein verstandesmäßige Wahrnehmung und Entscheidung ist wesentlich instabiler und erfordert einen wesentlich größeren Energieaufwand.

Im Gegensatz dazu gestaltet sich der Kurswechsel mit Hilfe deiner inneren Stimme einfacher und natürlicher. Zudem kommt durch deine innere Stimme zusätzliche Energie in dein System. Es fühlt sich an wie Rückenwind.

Du kommst wesentlich schneller und energieeffizienter ans Ziel.

Nimm diesen Ablauf als Blaupause für jede Entscheidung.

Die Kurzfassung:

1. Wahrnehmen, was ist.
2. Frage: „Was ist hier für mich stimmig?"
3. Finde das, was für dich stimmig ist. Führe, falls nötig, ein Feintuning durch.
4. Spüre das JA und die Energie, die durch deine innere Stimme kommt.
5. Entscheide dich mit Unterstützung dieser Energie neu und begib dich auf diesen Kurs.

Die längere Fassung für Anfänger und für schwierigere Entscheidungen:

1. Wahrnehmen, was ist.
2. Akzeptieren, was ist.
3. Frage: „Ist das für mich stimmig?"
4. Bei NEIN: frage dich „Ist es stimmig, das jetzt loszulassen?"
5. Bei JA: mit der Energie das Unstimmige loslassen.
6. Frage: „Was ist hier jetzt für mich stimmig?"
7. Finde das, was für dich stimmig ist. Führe, falls nötig, ein Feintuning durch.
8. Spüre das JA und die Energie, die durch deine innere Stimme kommt.
9. Entscheide dich mit Unterstützung dieser Energie neu und begib dich auf diesen Kurs.

Tipp 2: Warum Akzeptanz so wichtig ist

Leistest du gegen eine bestimmte Sache in deinem Leben Widerstand, wie zum Beispiel gegen eine schlechte Körperhaltung, dann tendiert diese Sache dazu, sich nicht zu verändern. Akzeptierst du sie aber, so wie sie im Moment ist, einfach so, wie sie sich zeigt, dann wirst du feststellen, dass sich diese Sache entspannt. Sie wird veränderbar.

Probiere das gleich mit einem Gefühl aus. Vielleicht ein Gefühl, das gerade an dir nagt.

Ich nehme zum Beispiel die Angst, etwas Bestimmtes zu verlieren.

So gehe ich vor:
Ich nehme wahr, dass ich diese Angst habe. Das verspannt mich körperlich.

Ich akzeptiere, dass ich diese Angst habe. Ich gebe ihr Raum in mir. Sie darf da sein, so, wie sie ist. Ich will nichts von ihr.

Dadurch entspannt sich die Angst und ich entspanne mich auch.

Jetzt kann ich mir die Frage stellen: „Ist diese Angst noch für mich stimmig?"

Meine innere Stimme antwortet mit NEIN. Es wäre für mich viel stimmiger, diese Angst jetzt loszulassen. Das mache ich auch.

Danach stelle ich mir die Frage: „Was wäre jetzt stimmig?".

Meine innere Stimme antwortet mir, dass es stimmig wäre, einfach zu vertrauen. Also vertraue ich.

Das fühlt sich um Welten besser an.

Jetzt bist du dran!

Tipp 3: Bleibe beständig!

Du wirst den Kurs, den du mit Hilfe deiner inneren Stimme eingeschlagen hast, am Anfang vielleicht ab und an verlieren. Das ist normal.

Es gibt Menschen, die gerne mit sich hadern, wenn etwas nicht klappt. Ich kenne das persönlich nur zu gut, aber: Durch das Hadern erzeugt man auch Widerstand gegen das mögliche Scheitern, was nur noch zu mehr Fehlschlägen als nötig führt.

Auch hier hilft es zu akzeptieren, dass nicht alles beim ersten, zweiten oder auch zehnten Mal gelingt.

Wie oft fällt ein Baby hin, bevor es laufen lernt?

Gehe auch hier mit Akzeptanz heran und komm einfach wieder spielerisch zurück auf deinen Kurs.

Immer und immer wieder. Du wirst erstaunt sein, wie einfach du selbst stark eingefahrene Gewohnheiten und Verhaltensweisen durch beständige Wiederholung verändern kannst.

In Kombination mit dem folgenden Tipp wirst du durchschlagende Erfolge erzielen.

Tipp 4: Erhöhe deinen Einsatz

Nicht jede Entscheidung wird mit gleich viel Herz und Entschlossenheit getroffen. Das Problem dabei ist, dass eine halbherzig getroffene Entscheidung sehr wahrscheinlich dazu führt, dass man vom gesetzten Kurs abkommt.

Und wenn du den Kurs wieder nur mit einer halbherzigen Entscheidung aufnehmen möchtest, dann wirst du ihn recht sicher wieder verlieren.

Um aus dieser Wiederholungsschleife - den Kurs zu setzen, ihn zu verlieren, ihn wieder zu setzen - auszusteigen, ist es notwendig, dass man sich mit immer mehr Herz und Entschlossenheit entscheidet.

Das ist wie bei der folgenden Roulette-Strategie:

Beim Roulette kannst du auf Rot oder Schwarz setzen.

Nehmen wir an, du entscheidest dich dafür, auf Rot zu setzen.

Erste Runde:
Du setzt 1 Euro auf Rot.
Es kommt Schwarz.

Zweite Runde:
Du setzt 2 Euro auf Rot.
Es kommt Schwarz.

Dritte Runde:
Du setzt 4 Euro auf Rot.
Es kommt Schwarz.

Vierte Runde:
Du setzt 8 Euro auf Rot.
Es kommt Schwarz.

Fünfte Runde:
Du setzt 16 Euro auf Rot.

Es kommt Schwarz.

Sechste Runde:
Du setzt 32 Euro auf Rot.
Es kommt Schwarz.

Siebte Runde:
Du setzt 64 Euro auf Rot.
Es kommt Rot.

---○---

Bleibst du unbeirrt bei deiner ursprünglichen Entscheidung und erhöhst du dazu auch noch deinen Einsatz immer mehr, wird sich der Erfolg unweigerlich einstellen.

---○---

Ein Hinweis zur Entschlossenheit:

Manche Menschen denken, dass Entschlossenheit Ernsthaftigkeit bedeutet. Dass bei einer starken Entschlossenheit die Leichtigkeit und das Spielerische keinen Platz mehr haben.

Genau das Gegenteil ist der Fall.

Menschen, die die Leichtigkeit verlieren, werden innerlich verbissen und verkrampft. Der natürliche Energiefluss wird dadurch blockiert.

Sie zapfen die eigenen körperlichen Energiereserven an, bis sie das Ziel erreicht haben oder auf dem Zahnfleisch kriechen. Das zeigt uns auch die zunehmende Stress- und Burnout-Problematik in unserer Gesellschaft.

Diese Strategie ist nicht nur ungesund, sondern führt auch dazu, dass der Betreffende früher oder später scheitert, weil er irgendwann schlicht keine Energie mehr hat.

Behält er hingegen die innere Leichtigkeit und Entspanntheit, dann kommt die zusätzliche Energie, die ihm die innere Stimme zur Verfügung stellt, auch bei ihm an.

Achte also darauf, dass du deine Leichtigkeit behältst, auch wenn du deinen Einsatz erhöhst. Finde deine Leichtigkeit wieder, falls du bemerkst, dass du verbissen geworden bist.

Teil 5: Wie du dieses Wissen erfolgreich in dein Leben integrieren kannst

In diesem Teil des Buches findest du noch zusätzliche Tipps und Ideen, wie du das Hören der inneren Stimme erfolgreich in dein Leben integrieren kannst.

Tipp 1: Mache eine Daily Magic Aktion draus!

Daily Magic Aktionen[7] sind ein von mir entwickelter Ansatz, mit dem du alltagstauglich neue nützliche Gewohnheiten bilden kannst.

Eine neue Gewohnheit bildet sich, wenn du etwas mindestens 28 Tage lang täglich praktizierst. Ausschlaggebend ist dabei nicht, wie lange du etwas praktizierst, sondern dass du es regelmäßig machst.

Die Daily Magic Aktionen sind alltagstauglich, weil sich der Zeitaufwand auf 5 Minuten pro Tag beschränkt. Diese sind auch an einem Worst-Case-Tag durchführbar.

5 Minuten hat jeder täglich übrig.

Weitere Faktoren für das erfolgreiche Bilden von nützlichen Gewohnheiten sind:

1. Die Anwendungen sind einfach und mühelos durchzuführen.

---

[7] www.daily-magic.net

2. Die Praxis macht Spaß und bringt dich in eine gute Stimmung.
3. Du hast augenblickliche oder zeitnahe Ergebnisse.
4. Dein gesamtes Leben profitiert davon!

Die Daily Magic Aktion zum Hören der inneren Stimme könnte folgendermaßen aussehen:

1. Kreiere dein Spielfeld:
   Such dir die Bereiche in deinem Leben aus, in denen du die innere Stimme halbwegs gut hören kannst. Fange dort an.

2. Ziehe deine innere Stimme in den nächsten 28 Tagen in diesen Lebensbereichen mindestens 5x täglich zu Rate. Das sollte in insgesamt 5 Minuten gut machbar sein.

   Gerne auch mehr, wenn du mehr Zeit, Raum und Lust dazu hast. ABER bedenke dann immer die wichtige Regel:

   KEEP IT EASY!

3. Erweitere stetig dein Spielfeld.
   Teste alle sieben Tage, ob es stimmig wäre, deine innere Stimme auch in anderen Lebensbereichen zu vernehmen. Falls ja, dann mache das.

Verteile Erinnerungen!

Es ist gut, wenn du etwas hast, das dich an diese Praxis erinnert.

Sehr effektiv sind Post-it-Zettel in der Wohnung oder am Arbeitsplatz, die dich an diese Praxis erinnern.

Nimm dir fünf Minuten Zeit, schreibe „innere Stimme" und bringe sie an verschiedenen Stellen an: am Kühlschrank, am Badezimmerspiegel, der Klotür, der Haustür, im Auto, am Computermonitor, am Arbeitsplatz.

Bewährt hat sich auch der Handywecker, der dich zu bestimmten Tageszeiten daran erinnert.

Tipp 2: Mache zusätzliche Daily Magic Aktionen!

Es lohnt sich, nach dieser, noch weitere Daily Magic Aktionen einzubinden. Stell dir vor, dass du mit jeder 28-Tages-Aktion einen Gang höher schaltest. Was alles passieren kann, wenn du einige Gänge höher schaltest, erzählen die Teilnehmer der Daily Magic Pilotgruppen vom Oktober 2013 bis Juli 2014 auf meiner Webseite www.daily-magic.net.

Daily Magic Aktion 01 – Dankbarkeit und Lebens-freude

Dankbarkeit und Lebensfreude zu praktizieren und hierzu eine unbewusste Gewohnheit zu bilden, ist für mich ein Schlüsselelement. Durch Dankbarkeit und Lebensfreude erhöhst du deinen Bewusstseins- und Energiezustand. Dann entwickelt sich alles besser, schneller und leichter, weil die Energie freier fließt.

Daily Magic 02 – Federleicht dein Leben steuern
Bei dieser Daily Magic Aktion lernst du, durch das Setzen von federleichten Impulsen dein Leben zu steuern. Das macht Spaß, ist einfach anwendbar und absolut alltagstauglich! Die Energie, die von deiner inneren Stimme kommt, gibt den Impulsen noch zusätzliche Wirkkraft.

Daily Magic 03 – Akzeptanz (Erscheint Ende 2015)
Veränderung wird erst möglich, wenn du das, was ist, akzeptierst. Bei dieser Daily Magic Aktion lernst du, Akzeptanz auf alles anzuwenden und durch Akzeptanz vermeintliche Grenzen in deinem Leben einfach aufzuheben.

Wenn es um die Transformation des Alltags geht, kenne ich nichts Besseres. Die Idee, die Daily Magic Aktionen in dieser Form zu konzipieren, kam mir im Übrigen auch durch meine innere Stimme. Es lohnt sich, mehr als einen Blick drauf zu werfen!

Teil 6: Zu mir und meinen Erfahrungen mit der inneren Stimme

Mein Name ist Mircea Ighisan George, Jahrgang 1976. Der Name stammt aus Rumänien, meinem Heimatland.

Mit Transformation, Energiearbeit und Spiritualität beschäftige ich mich bewusst seit meinem 21. Lebensjahr. Davor trieb mich die Frage um: „Was ist Wahrheit?" Aufgrund dieser Frage hatte ich mich sieben Jahre lang intensiv mit Philosophie und Logik beschäftigt. Allerdings nicht durch das Studium anderer Philosophen, sondern ganz klassisch: Durch sehr viel eigenes Nachdenken.

Ich erwähne diese Zeit deswegen, weil ich öfter das Feedback erhalte, dass ich die Dinge sehr gut erklären kann. Das kommt sicherlich auch daher, dass ich mich intensiv mit Philosophie und Logik auseinander-gesetzt habe und dadurch gelernt habe, in eine gewisse Tiefe zu gehen.

Das Ergebnis meiner Suche nach der Wahrheit lässt sich in einem Satz zusammenfassen:

Die einzige Wahrheit, die existiert, bist DU.

Seit geraumer Zeit befinde ich mich nun auf dem Weg, diese Wahrheit mehr und mehr aufzudecken und zuzulassen. Also im wahrsten Sinne des Wortes authentisch zu werden.

Dafür ist irgendeine Art von Transformation notwendig.

Auch wenn diese Transformation lediglich darin besteht, das Unechte im eigenen Selbstbild zu erkennen und loszulassen.

Ich habe im Bereich Transformation bei verschiedenen Lehrern studiert. Obwohl ich von ihnen sehr viel lernen durfte, wofür ich auch sehr dankbar bin, blieben für mich Fragen offen. Also habe ich mich 2011 selbst auf den Weg gemacht und an mein Inneres die folgenden Fragen gestellt: „Wie funktioniert Transformation für mich?" und „Wie funktioniert sie schneller, einfacher und effektiver?"

Im Moment würde ich mich am ehesten als einen Transformationsforscher bezeichnen. Mein Fokus liegt darauf, einfache und effektive Transformationsansätze zu entwickeln, mit denen man das Leben entspannter und authentischer leben kann.

Meine Erkenntnisse teile ich in meinen Büchern, Online-Kursen und Webinaren mit allen, die sich für dieses Thema interessieren. Seit 2011 ist einiges entstanden. So viel, dass ich es hier nicht alles aufzählen kann.

Eine Übersicht über alle meine Publikationen findest du auf meiner Webseite:
www.matrix-transformation.de/shop

Auf meiner Webinar-Webseite www.phoenix-rising.edudip.com kannst du mich auch live erleben. Regelmäßig biete ich dort auch kostenfreie Webinare an.

Ich freu mich auf dich!

Meine Erfahrungen mit dem Hören der inneren Stimme

Ich habe, was das Hören der inneren Stimme anbelangt, einen sehr weiten Weg hinter mir. Es gab eine längere Phase in meinem Leben, in der ich extrem aus dem Verstand heraus gelebt habe.

In dieser Zeit hatte ich keinen Zugriff auf die Bilderwelt meiner rechten Gehirnhälfte. Na ja, stimmt nicht ganz. Wenn ich meine Augen schloss und versuchte, mir etwas vorzustellen, sah ich lediglich schwarz. Ich staunte, als ich das erste Mal erfuhr, wie real und lebendig sich andere Menschen Bilder vorstellen können.

Mit dem intuitiven Spüren und der Gefühlswahrnehmung sah es bei mir zu Beginn ebenfalls sehr mau aus.

Das intuitive Spüren und das Hören der inneren Stimme haben sich bei mir folgendermaßen entwickelt:

Ich habe nie ein Intuitionstraining im klassischen Sinne gemacht.

Dafür war und bin ich recht passioniert dabei, Belastendes in meinem Leben loszulassen, zunächst mit Techniken von Transformationslehrern, später zunehmend mit meinen eigenen. Das hat nach und nach sehr viele Verzerrungen meiner Wahrnehmung abgebaut. Meine Sicht ist zunehmend klarer geworden.

Mittlerweile sind mein intuitives Spüren und die Wahrnehmung der inneren Stimme auf einem recht guten Level angekommen. Zumindest hatte ich 2012 zufällig – wenn es so etwas wie Zufall gibt - die Ehre, meinen ersten hellsichtigen Lehrer erfolgreich zu coachen. Spätestens da war für mich ein Entwicklungszyklus abgeschlossen.

Meine Wahrnehmung verfeinert sich ständig weiter. Es gibt Lebensbereiche und Momente, in denen ich Dinge sehr klar wahrnehme und welche, in denen ich noch genug blinde Flecke habe. Was ich definitiv sagen kann, ist, dass sich ein starkes, fast unerschütterliches Vertrauen darin aufgebaut hat, die richtige Information zur richtigen Zeit zu erhalten.

Dieses Vertrauen hat alles komplett geöffnet.

Wenn ich jetzt nach 18 Jahren Reise einem Menschen nur einen Tipp geben könnte, wie er Glück und Erfüllung finden kann, dann würde ich ihm empfehlen zu lernen, auf die eigene innere Stimme zu hören. Aus diesem Dialog wird sich der weitere Weg ergeben.

Lass dich überraschen!

Ich wünsche dir viel Spaß mit dieser Aktion!

www.ingramcontent.com/pod-product-compliance
Lightning Source LLC
Chambersburg PA
CBHW071737020426
42331CB00008B/2065